관용

다른 사람들이 가진 독특한 성격과 행동을 견디고,

너그럽게 받아들이는 능력.

지은이 **페르닐라 스탈펠트**
1962년 스웨덴의 외레브로라는 곳에서 태어났어요. 대학에서 문화학과 예술학을 공부한 뒤에 박물관에서 어린이들에게 현대미술을 가르치는 일을 했습니다.
1997년부터 그림책 작가로 활동하면서 《죽으면 어떻게 돼요?》《세상으로 나온 똥》《두들겨패줄 거야》 등 많은 그림책을 쓰고 그려서, 엘사 베스코브상 등의 어린이문학상을 받았어요. 특히 모든 작품에는, 동화책 《삐삐 롱스타킹》을 쓴 작가, 아스트리드 린드그렌을 추모하기 위해 스웨덴 정부가 제정한 국제아동문학상인 아스트리드 린드그렌상이 주어졌습니다.

옮긴이 **이미옥**
경북대학교 독어교육과를 졸업하고 독일 괴팅겐대학교와 경북대학교에서 독문학 석·박사 학위를 받았습니다. 지금은 〈초코북스〉라는 저작권 에이전시를 운영하며 번역가로 활동합니다.
옮긴 책으로 《죽으면 어떻게 돼요?》 등의 처음철학그림책 시리즈, 《괜찮아, 보이는 게 전부는 아니야》《피카소는 어떤 화가일까?》《미로는 어떤 화가일까》《나는 나야, 그렇지?》 등 60여 권이 있습니다.

처음 철학 그림책 〈관용〉 | 넌 누구야?

초판 1쇄 발행 2016년 9월 15일 | 3쇄 발행 2020년 4월 1일
지은이 페르닐라 스탈펠트 | 옮긴이 이미옥 | 우리말 글씨 박정은
펴낸이 송영민 | 디자인 달뜸창작실 | 교정 교열 우순교
펴낸곳 시금치 | 주소 서울시 마포구 잔다리로7길 18, 502호 | 전화 02-725-9401 | 팩시밀리 02-725-9403
전자우편 7259401@naver.com | 홈페이지 blog.daum.net/greenbook
페이스북 www.facebook.com/spinagebook
출판신고 제2019-000104호
ISBN 978-89-92371-42-1 74100
　　　978-89-92371-22-3(세트)74100

Vem är du? En bok om tolerans by Pernilla Stalfelt © 2012 Pernilla Stalfelt, First published by Rabén & Sjögren, Sweden, in 2012. Korean Translation Copyright © 2016 by Green Spinach Publishing All rights reserved. The Korean language edition is published by arrangement with Raben&Sjögren Agency, Sweden through MOMO Agency, Seoul.

이 책의 한국어판 저작권은 모모 에이전시를 통해 Rabén & Sjögren Agency 사와의 독점 계약으로 도서출판 시금치에 있습니다. 저작권법에 의해 한국 내에서 보호를 받는 저작물이므로 무단전재와 무단복제를 금합니다.
「이 도서의 국립중앙도서관 출판시도서목록(CIP)은 서지정보유통지원시스템 홈페이지(http://seoji.nl.go.kr)와 국가자료공동목록시스템(http://www.nl.go.kr/kolisnet)에서 이용하실 수 있습니다.(CIP제어번호: CIP2016016210)」

* **어린이 제품 안전특별법에 의한 제품 표시 | 제품명** 넌 누구야? **| 제조국명** 대한민국 **| 제조자명** 도서출판 시금치 **|
전화번호** 02-725-9401 **| 주소** 서울시 마포구 잔다리로7길 18, 502호 **| 제조연월일** 2020년 4월 1일 **| 사용연령** 36개월 이상

값은 뒤표지에 있습니다. 잘못 만들어진 책은 구입하신 서점에서 바꾸어 드립니다.

처음 철학 그림책
···
관용

넌 누구야?

페르닐라 스탈펠트 글 그림 | 이미옥 옮김

시금치

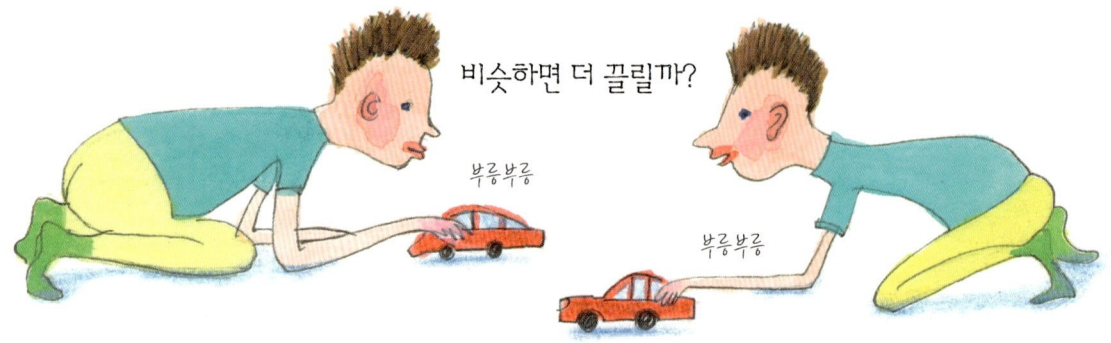

서로 다르면 더 끌리지 않을까?

다른 나라 사람과 친구가 된다고 생각해 봐.

웃음 소리는 어느 나라 사람이든 다 같지.

나라마다 조금씩 다른 것도 있어. 사람이랑 아기 고양이가 다른 것처럼 말이야.

야옹 니야옹   룹   니야아야옹

언어와 생활하는 방식은 대개 나라마다 달라.

입는 옷이 다르고

먹는 음식과

사는 집도 다르지.

 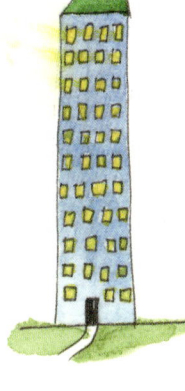  

이따금 깜짝깜짝 놀랄 때가 있어.

사람들이 다 같지 않다는 것을
알게 되면 말이야.

버스 안에서 입이 떡
벌어지게 하는 사람을
볼 수도 있어.

입이 떡 벌어지게 하다 =
깜짝 놀라게 하다

세상에 똑같은 사람은 없어.
생김새도 성격도 다 다르지.

사람들의 생각도 다 달라.

생각은 아마 수십억 개쯤 될 거야.

이 병 속의 모래보다 훨씬 더 많겠지?
모래사장 전체의 모래
알갱이만큼은 될거야.

지구에는 약 70억 명이 살고 있어.
이 많은 사람들의 생각이 모두 다를 수도 있지.

지구에는 또 동물도 살잖아.
예를 들어 고양이는 어떤 생각을 할까?

고양이의 생각은
어떻게 알수 있지?

냐옹

고양이 말을
가르치는 학교가
있어야 해!!

고양이 말을 가르치는 학교 → 정말 좋아요!

Ⅰ.

Ⅱ.

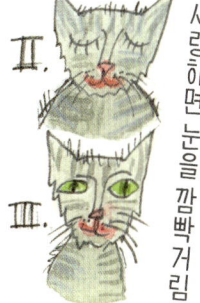

Ⅲ.

사랑하면 눈을 깜빡거림

싸우려고 할 때야.

털을 세워 몸집이 더 커 보이게 해. 지금 화가 나 있어!

고양이 학교에 오신 것을 환영해요!

우리가 고양이 말을 알게 되면,
고양이를 더 잘 이해하지 않을까?
그러면 고양이가 더 좋아지지 않을까?

(이따금 쉭쉭거리고 할퀴고 모래상자에 똥을 누어도 말이야!)

네가 타는 버스는 언제 와?

동물을 이해하는 법을 배울 수 있듯이
다른 사람을 이해하는 법도 배울 수 있어.
예를 들어,

탄자니아 사람은 이탈리아 사람을
이해하는 법을 배우고,
이탈리아 사람은 한국 사람을
이해하는 법을 배우고,
한국 사람은 타히티 사람을
이해하는 법을 배우고
타히티 사람은 스웨덴 사람을
이해하는 법을 배울 수 있어.

어떻게 지내?

상추에 관심이 많은 에릭 아저씨는 베란다에서 상추를 키워.

"안녕, 내 작은 상추들아 어떻게 지내?"

에릭 아저씨는 자기 상추랑 고양이, 그리고 가족들에게 늘 관심을 가져서 무슨 일이 일어나는지 다 알아.

상추   아이들   고양이   남동생   여동생   늙은 어머니

이렇게만 있으면 늘 편안하지.

생각은 어떻게 보여줄 수 있을까?

글로 아니면 그림으로?

악기 연주로 보여주는 사람도 있고,
노래로 보여주는 사람도 있을 거야.

생각은 가치있는 것일 수도 있지만
편견일 수도 있어. 편견이 뭐냐고?

편견은 왜 가지는 걸까?

편하기 때문일까?

사실이 무엇인지 알아볼 필요도 없이

흔들침대에서 느긋하게 낮잠을 자려고?

뭐라고? 정말이야?

핀란드 사람들은 감초를 먹고 새벽부터 밤까지 사우나에서 지낸대. 그것도 발가벗고 말이야!

아니면 잘난 체하고 싶어서

없는 이야기를 일부러 지어내는 걸까?

진실을 아는 일은 어렵고 복잡할 수 있어.
시간을 들이고 애도 써야 하지.

"우리 스웨덴 사람들은 수줍음을 많이 타고 모두 금발이지."

"우리야말로 진정한 스웨덴 사람이야."

"그리고 우리는 발효시킨 생선을 좋아하고 얼음에 구멍을 뚫고 그 안에서 목욕을 해."

때로는 여러 사람이 같은 편견을 가질 때도 있어. 그러면 쉽고 편하거든.
우리가 가진 편견은 그렇게 생겨나.

그리고 수줍음을 타지 않고, 발효시킨 생선을 좋아하지 않으며,
금발도 아니고 얼음 구멍에서 목욕하지 않으면, '우리'가 될 수 없다고 생각하지.

편견이 있으면 너그러워질 수 없어.
우리가 너그럽지 못할 때는 언제일까?
무언가를 견디지 못하는 사람이 있어.
그것을 계란이라고 해 보자.

그런 사람이 계란을 먹으면
토하고 살에 뾰루지 같은 게 돋아나.

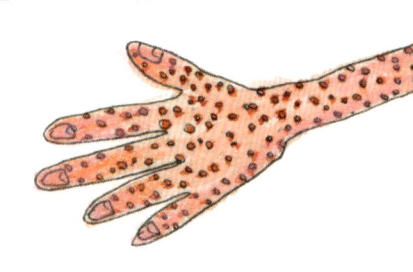

시끄럽고 이상한 음악도 견디기 힘들지.

너그럽지 못하다는 것은 무언가를 참지 못한다는 말이야.

나와 다른 옷을 입거나
나와 다르게 행동하는
것을 참지 못하면

못되게 굴 수도 있어.

다른 사람을 죽이거나 때리는 것은 금지되어 있어.

살인이나 폭행이라고 하는 것 말이야.

(살인= 다른 사람을 죽이는 행동, 칼이나 독극물 또는 총을 쓴다.)
(폭행 = 다른 사람을 때리고, 협박하고, 짓밟고 밀치는 행동)

살인이나 폭행을 저지르면 경찰서에서 벌을 받게 돼.

폭력은 누구에게도 이롭지 않아. 아무도 폭력을 좋아하지 않지.

모두가 슬퍼하고, 절망하고, 겁을 먹게 돼.

너그럽게 받아들이는 것을 **관용**이라고 해.

관용 = 다른 사람의 독특한 점을 받아들이고, 잘못을 너그럽게 용서하는 것.

괜찮아, 좋아, 아주 좋다니까!

관용은 대단해.

식탁에서 베푸는 관용

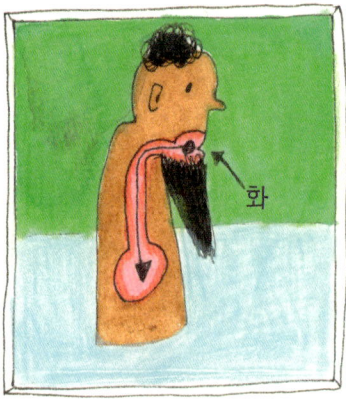

관용 =

화를 꿀꺽 삼키기

관용을 베푼다는 것은
타협을 한다는
뜻이기도 해.
그러면 절반 정도는
만족할 수 있겠지?

회사에서 베푸는 관용

관용을 베푸는 것도 쉬운 일은 아니야.
예를 들어, 쩝쩝거리며 음식을 먹거나

쩝 쩝 쩝 쩝 쩝 쩝 쩝 쩝

으이구!

요란한 소리를
내며 물을 마실
때가 그렇지.

추릅 추릅 추릅 추릅

호로록

옆 사람한테서 땀 냄새나 고약한 냄새가 날 때도

윽엑

정말 참기 힘들지.

그러면 어떻게 해야 할까?

어쩌다가 나와 아주 비슷한 사람을 만날 때도 있어.

나와 똑같은 옷을 입고
똑같은 안경을 끼고
똑같은 신발을 신고
똑같은 가방을 든 사람도
마냥 좋지만은 않을 거야.

도대체 관용은 언제 어떻게 베풀어야 할까?

황금률

남이 너에게 하지 않길 바라는 일을,
너도 남에게 하지 말라.
남에게 대접을 받고자 하는 대로
너 또한 남을 대접하라.

(황금률 : 로마 황제가 금으로 써서
붙여 놓은 성경 구절)

어쩌면 내 마음에 귀를 기울이는 게 제일 좋지 않을까?

누구나 마음속에 자아라는 것이 있어.

자아는 곧 나 자신이야. 금이나 다이아몬드, 돈보다 더 귀하지.

세상의 모든 사람들이 다 그래.

자아야말로 우리가 받는 가장 고귀한 상이야!

자아는 태어나는 순간부터 생겨.

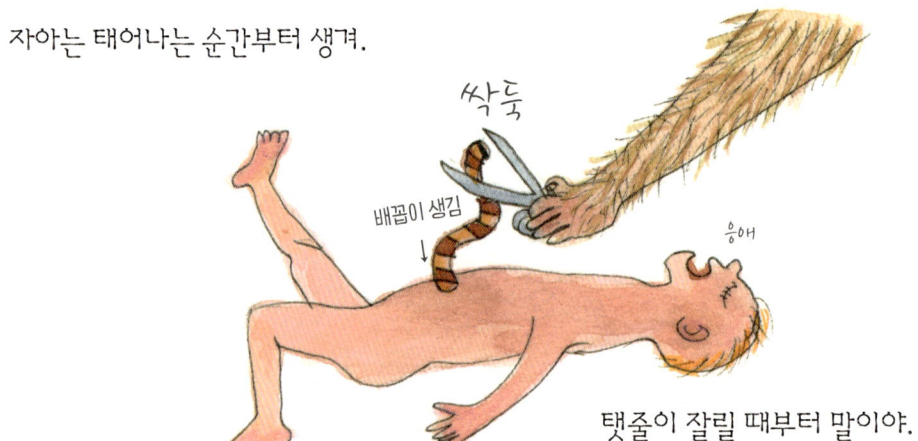

탯줄이 잘릴 때부터 말이야.

마치 여행을 하듯이 자아는 일생 동안 내 몸과 함께하지.

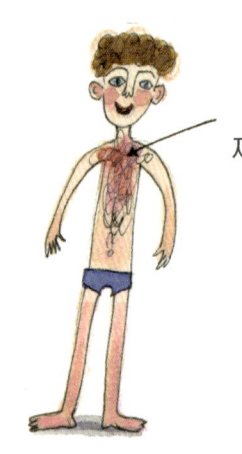

살아 있다는 것은 자아가 있다는 거야.

자아를 잘 돌보는 일은 중요해.

새끼 강아지를 돌보는 것처럼

아끼고 보살펴야만 자아가 잘 자랄 수 있어.

왜 자아를 돌봐야 할까?
만약 이 세상에 마음의 상처를 입은
슬픈 강아지들이 가득하다면,

그런데도 아무도 돌봐 주지 않아서
늘 화가 나고 불안한 강아지들만 가득하다면,
위험하고 살기 힘든 세상이 되겠지?

너에게 나는 너야.

나와 내 친구들은 우리라고 하지. 너와 네 친구들은 너희라고 하고.

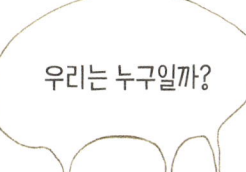

우리는 서로 어떻게 같을까?

우리는 하나의 몸과 하나의 심장이 있어요. 그리고 우리는 피와 뇌가 있지요. 머리 하나에 콧구멍도 두 개씩 있고요. 다리가 있고 대부분 머리카락이 있어요. 귀도 있고 이도 있지요.

우리 모두 겨드랑이가 있고 6미터 길이의 작은창자가 있어요. 우리는 먹고 마시고 잠을 자야 하고, 모두 엄마 몸에서 태어났고 배꼽도 있어요.

우리는 모두 숨을 쉬어요. 집에서 물건을 쓰며 살고, 자동차를 타고 다니기도 해요. 태어난 나라가 어디든 우리는 모두 평등하고 같은 지구에서 살아요. 같은 태양과 같은 달을 보고 살고요.

우리는 머리 색깔이 같을 수도 있고, 모래사장을 걸을 때 발가락 사이로 모래가 끼는 것도 같아요. 우리는 대부분 손가락이 열 개 있고 가끔은 깎아줘야 할 손톱이 있고, 눈으로 보고 귀로 들어요. 같은 팀을 응원할 수도 있고 같은 공으로 축구를 할 수도 있으며, 같은 곳으로 여행하거나 같은 정류장에서 내릴 수도 있어요. 또 같은 도시나 같은 섬에서 살 수도 있지요.

우리는 더우면 땀을 흘리고, 콧노래를 부를 수도 있고, 같은 놀이를 좋아할 수도 있고, 같은 그림을 그릴 수도 있어요.

우리는 서로 돕고 평등하게 살고 싶어 하는 것도 같아요. 같은 시간에 잠들 수도 있고 같은 책을 좋아할 수도 있어요. 우리는 모두 서로 다르지만, 이렇게 또 모두 서로 닮았답니다.